Ulrich Clement

THINK LOVE
Das indiskrete Fragebuch

ROGNER & BERNHARD

1. Auflage, Juni 2015

© 2015 by Rogner & Bernhard GmbH & Co. Verlags KG, Berlin

ISBN 978-3-95403-093-4
www.rogner-bernhard.de

Alle Rechte vorbehalten, insbesondere das Recht der mechanischen, elektronischen oder fotografischen Vervielfältigung, der Einspeicherung und Verarbeitung in elektronischen Systemen, des Nachdrucks in Zeitschriften oder Zeitungen, des öffentlichen Vortrags, der Verfilmung oder Dramatisierung, der Übertragung durch Rundfunk, Fernsehen oder Internet, auch einzelner Text- und Bildteile.

Layout & Satz: studio grau
Herstellung: Leslie Driesener, Berlin
Gesetzt aus der Garamond und Baskerville
Druck und Bindung: CPI – Clausen & Bosse, Leck
Printed in Germany

THINK LOVE

EINE KLEINE GEBRAUCHSANWEISUNG

WARUM EIN FRAGEBUCH?

Gute Frage! Und schon geht es los. Darauf gibt es keine objektive Antwort. Aber mehrere subjektive. Und das ist gut so. In vielen Situationen sind kluge Fragen produktiver und führen weiter als richtige Antworten. Antworten schließen. Fragen öffnen. Das gilt auch für das Thema Liebe und Sexualität. Da sogar besonders – sofern man es öffnen, entdecken, verlebendigen möchte. Allerdings eignen sich dafür nur bestimmte Fragen, nämlich solche, deren Antworten erst erfunden werden müssen.

ENTSCHEIDBARE UND UNENTSCHEIDBARE FRAGEN

Der Kybernetiker Heinz von Förster machte den Unterschied zwischen entscheidbaren und unentscheidbaren Fragen. Entscheidbare Fragen sind solche, bei denen die Antwort bereits feststeht. Zum Beispiel: Was ist die Hauptstadt von Frankreich? Wann hatten Sie Ihren ersten Geschlechtsverkehr? Was ist 3 plus 4? Diese Fragen lassen sich objektiv beantworten. Die Antwort ist überprüfbar und

THINK LOVE

kann richtig oder falsch sein. Unabhängig vom Antwortenden (Paris ist es egal, ob Sie es für Frankreichs Hauptstadt halten oder nicht).

Die Antwort auf unentscheidbare Fragen dagegen hängt allein vom Beantworter ab. Zum Beispiel: Wer ist die wichtigste Person in meinem bisherigen Liebesleben? Hier gibt es keine objektive Wahrheit (stimmt – stimmt nicht), eine subjektive Wahrhaftigkeit allerdings schon. Diese ist gegeben, wenn der Antwortende seine Antwort wirklich so meint, wie er sie sagt.

Heinz von Förster formuliert die paradoxe Pointe, dass man nur unentscheidbare Fragen entscheiden könne, da bei den entscheidbaren Fragen die Antwort bereits gegeben ist, ehe die Frage gestellt ist.

Think Love enthält ausschließlich unentscheidbare Fragen, also Fragen, deren Antwort nur im Ermessen des Antwortenden liegt. Das macht sie zu einer höchstpersönlichen Angelegenheit. Hinter entscheidbaren Fragen kann man sich gut verstecken, bei den unentscheidbaren muss man sein Gesicht zeigen. Sofern man eines hat und es zeigen will. Wer das nicht möchte – der lege das Buch jetzt am besten beiseite.

THINK LOVE

DIE RICHTIGEN FRAGEN AUSWÄHLEN

Think Love ist kein Fragebogen, den man durcharbeitet. Wählen Sie die für Sie interessanten Fragen aus und übergehen Sie die, mit denen Sie nichts anfangen können oder wollen. Nicht alle Fragen sind für jeden von Bedeutung. Sogar umgekehrt: Möglicherweise ist nur ein Dutzend (oder so) Fragen für Sie richtig gut und aussagefähig. Das müssen nicht die sein, die Ihnen auf den ersten Blick gefallen. Es können sogar solche Fragen sein, die Sie falsch gestellt finden, die Sie ärgern und die Sie auf eine andere, nach Ihrer Ansicht bessere Frage führen. Wunderbar! Folgen Sie diesem Impuls! Das Fragebuch soll ein Katalysator sein, kein Verhör.

HELLE FRAGEN – DUNKLE FRAGEN

Sex ist nicht lustig. Gut, manchmal schon. Und die heitere Seite wird in diesem Buch gut bedient. Aber das Liebesleben hat auch Schattenseiten. Enttäuschungen, Verletzungen und Schwächen gehören dazu. Beides schließt sich nicht aus. Also scheuen Sie sich nicht vor den dunklen Fragen! Sie verderben nicht den Spaß, sondern können ihm – wenn sie ernst genommen und nicht verdrängt werden – sogar mehr Substanz geben.

THINK LOVE

SCHNELL ANTWORTEN – LANGSAM ANTWORTEN

Die meisten Fragen haben Sie sich wahrscheinlich noch nie gestellt. Deshalb liegen die Antworten auch nicht abrufbereit parat, sondern könnten etwas Zeit zum Nachdenken erfordern. Das braucht Sie nicht an spontanen, schnellen Antworten zu hindern. Aber auch Nachdenken ist mitunter nicht schädlich. Deshalb macht es nichts, wenn Sie sich mit der einen oder anderen Frage Zeit lassen und der Antwort Zeit geben, bis sie reif ist.

„ES KOMMT DRAUF AN"

Diesen Einwand oder besser – die Spezifikation – kann man fast bei jeder Frage machen. Zum Beispiel: Was ist das erregendste Liebesabenteuer deines Lebens? Ja, es kommt darauf an. Etwa darauf, was man als erregend bezeichnet, was man mit Abenteuer meint. Lassen Sie es drauf ankommen. Definieren Sie die Frage so, dass es auf das ankommt, worauf es Ihnen ankommt!

FÜR WEN? MEIN ADRESSAT

Bevor Sie loslegen, überlegen Sie, für wen Ihre Antworten bestimmt sind: Für einen umworbenen Partner, den Sie damit gewinnen möchten? Für einen langjährigen Partner, der endlich wissen soll, wer Sie sind? Für sich selbst und Ihre Selbstanalyse? Für Ihre Psychoanalytikerin? Für Ihre Biografen, die sie nach Ihrem Ableben finden sollen? Sie werden feststellen, dass Sie für unterschiedliche Adressaten unterschiedliche Antworten wählen.

AUFSCHREIBEN

Schreiben Sie Ihre Antwort auf! Es ist ein großer Unterschied, ob man sich die Antworten nur denkt oder ob man sie aufschreibt. Man legt sich mehr fest!
Oder ... schreiben Sie sie nicht auf und überlegen, warum Sie wem was verschweigen möchten. Vielleicht sich selber ...

WER ANTWORTET? SOLO ODER DUO

Think Love erlaubt eine Nutzung, die reizvoll sein kann für Paare oder solche, die es werden wollen. Beide Partner können sich die Fragen und Antworten hin und her reichen und so einen erotischen Dialog betreiben. Etwa so: Sie nennt ihm drei Fragen, auf die sie von ihm eine Antwort wünscht. Er antwortet und nennt seinerseits drei andere Fragen (oder auch dieselben), auf die er von ihr eine Antwort möchte. Einziges Risiko: Man könnte sich kennenlernen.

THINK LOVE

KORREKT ODER LESBAR

Das nervige Dilemma mit der männlichen und weiblichen Form (Partner/-in oder PartnerIn oder männliche Form inklusive Entschuldigung für beide Geschlechter) lässt sich kaum vernünftig lösen. So habe ich mich für eine einigermaßen erträgliche Form der Umständlichkeit entschieden, mal das eine, mal das andere Geschlecht in Klammer zu setzen, die Reihenfolge zu variieren und auch mal – im Wissen um die Unkorrektheit – die einfache, ja männliche Form zu verwenden.

Einige Fragen lassen sich nur von vorwiegend heterosexuellen Verkehrsteilnehmern beantworten. Das war nicht der ursprüngliche Plan. Aber der Versuch, die homosexuelle, lesbische, heterosexuelle, weibliche und männliche Lesart gleichzeitig zu berücksichtigen, verkomplizierte manche Fragenformulierungen ins Absurde. Bei der Güterabwägung Korrektheit versus Lesbarkeit habe ich mich im Zweifelsfall für letztere entschieden. Ich muss auf Nachsicht der gleichgeschlechtlich liebenden Leserschaft hoffen.

ZUR FREIHEIT VERURTEILT

Dadurch, dass es keine richtigen Antworten gibt, haben Sie die Freiheit, das und nur das zu antworten, was Sie für angemessen halten.

THINK LOVE

THEMEN

Um etwas Ordnung anzubieten, sind die 200 Fragen in neun Themengebiete unterteilt. Deren Reihenfolge hat nichts mit ihrer Wichtigkeit zu tun.

1
MEINE VERGANGENHEIT
Was habe ich schon erfahren?

2
MEINE SEXUELLE GEGENWART
Was treibe ich zur Zeit?

3
MEIN SEXUELLES PROFIL
Wer bin ich?

4
MEINE PARTNERSCHAFT
Wen liebe ich?

THINK LOVE

5
MEINE MORAL
Ist alles erlaubt?

6
MEINE PROBLEME
Wie gehe ich mit Schwierigkeiten um?

7
MEINE FANTASIEN
Was ist ungelebt?

8
MEIN KÖRPER
Wo spüre ich Sex?

9
PAARUNGEN
Männer und Frauen

Und ab jetzt sind Sie der Autor. Oder die Autorin.

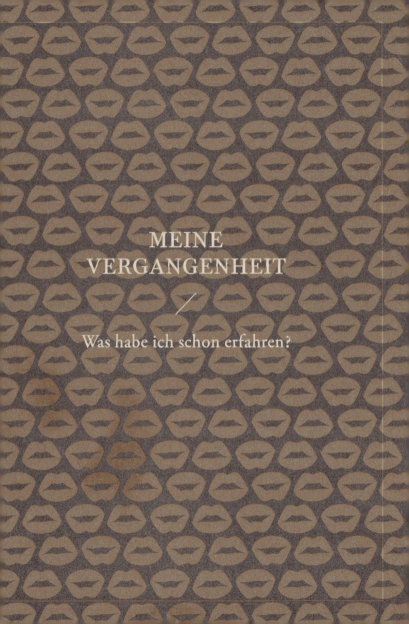

MEINE VERGANGENHEIT

/

Was habe ich schon erfahren?

Nº 1

Das beste erotische Erlebnis deines Lebens:
Glaubst du, es war schon oder es kommt noch?

N° 2

Wenn du den Beginn deiner sexuellen Erfahrungen mit heute vergleichst: Was hast du seitdem gewonnen und was verloren?

N° 3

/

Welches Ereignis in deinem bisherigen sexuellen
Leben würdest du als herausragend bezeichnen?
Was daran ist so herausragend für dich?

....

....

....

....

....

....

....

....

N° 4

/

Was war das erotische Erlebnis,
das dich am meisten enttäuscht hat?
Was genau hat dich enttäuscht?

N° 5

Wurdest du schon einmal genau so gesehen,
begehrt und geliebt, wie du es dir gewünscht hast?
Was war das Besondere?

N° 6

Wurdest du in deinem Liebesleben schon einmal so verletzt, dass du es heute noch spürst?

N° 7

Hast du in deinem Liebesleben schon einmal
jemanden so verletzt, dass es dir heute noch leidtut?

N° 8

/

Hat dich schon einmal jemand berührt oder dich bedrängt, ihn/sie zu berühren, wie du es nicht mochtest? Wie bist du damit umgegangen?

N° 9

Gibt es eine Person, die dein
Sexualleben stark beeinflusst hat?
Wer war das, und welcher Art war dieser Einfluss?

N° 10

Wenn du die Botschaft über Sexualität, die du von zu Hause mitbekommen hast, in einem Satz zusammenfassen würdest – wie würde dieser lauten?

N⁰ 11

Was haben deine Eltern in Bezug auf deine
Sexualerziehung gut und was nicht so gut gemacht?

....

....

....

....

....

....

....

....

....

Nº 12

Als du zum letzten Mal eine sexuelle Verführung abgelehnt hast – wie hast du dich danach gefühlt?

....

....

....

....

....

....

....

....

....

N⁰ 13

/

Gibt es sexuelle Erfahrungen, die du gemacht hast und von denen du heute sagen kannst, dass du sie nicht mehr brauchst nach dem Motto „Ich habe es gehabt"?

N⁰ 14

Wenn du eine Zwischenbilanz deines erotischen Lebens machen würdest, wie würdest du die folgenden drei Fragen beantworten:

A Was kannst du behalten, weil es gut ist?
B Was kannst du aufgeben, weil es gut war, aber heute nicht mehr zu dir passt?
C Was möchtest du neu entwickeln?

N° 15

Welches Motto könntest du für dein bisheriges Sexualleben formulieren?

N° 16

Hast du schon einmal aus Feigheit oder Angst etwas unterlassen, das du im Nachhinein bereust?

N⁰ 17

Hast du schon einmal unbedacht oder aus Übermut
etwas getan, das du im Nachhinein bereust?

N° 18

/

Wenn du dein bisheriges sexuelles Leben in wichtige Phasen einteilen würdest: Wie viele solcher Phasen gab es, und wie würdest du sie bezeichnen?

N° 19

Gibt es eine relevante Lebensphase (ein konkretes Erlebnis, eine bestimmte Zeit), die eine neue Qualität in dein Liebesleben gebracht hat?

N° 20

/

Welcher Person (außer deinem gegenwärtigen Partner) verdankst du für deine sexuelle Entwicklung am meisten?

N° 21

Wann hast du zum letzten Mal
etwas zum ersten Mal gemacht?

N⁰ 22

/

Wenn du mit deinem Liebesleben noch einmal starten könntest – was würdest du anders machen?

N° 23

/

Angenommen, es gäbe ein „Buch der Vorherbestimmung": Was wäre dort über dein vorherbestimmtes Liebesleben zu lesen?

N° 24

/

Wenn du am Ende deines Lebens auf deine
gelebten erotischen Erfahrungen zurückblickst:
Was möchtest du dann für ein Fazit ziehen?
Beschreibe es in ein paar Sätzen!

....

....

....

....

....

....

....

....

MEINE SEXUELLE GEGENWART
/

Was treibe ich zur Zeit?

N° 25

Was möchtest du mit deinem Partner
jetzt im Moment am liebsten tun?

N° 26

/

Wenn du eine Prozentskala zugrunde legst
(100 % = total zufrieden, 0 % völlig unzufrieden):
Wie zufrieden bist du gegenwärtig ...

mit deiner Sexualität: ....%
mit deiner Partnerbeziehung: ....%
mit deiner körperlichen Attraktivität: ....%

....

....

....

....

....

....

N° 27

Wenn du an deine letzte befriedigende sexuelle Begegnung denkst: Was genau hat dich befriedigt?

....

....

....

....

....

....

....

....

N° 28

Wann war die letzte sexuelle Begegnung, bei der du dich sexuell besonders unbefriedigt gefühlt hast: Was genau hat dich unbefriedigt gelassen?

N° 29

Was ist ein besonders geiler Satz oder Ausdruck, den du beim sexuellen Zusammensein deinem Partner gern sagst?

N° 30

/

Welches Motto könntest du für dein
gegenwärtiges Sexualleben formulieren?

N° 31

/

Beschreibe eine aktuelle Situation, in der du dich selbst besonders attraktiv, besonders männlich/weiblich fandest?

N° 32

/

Wenn dich eine andere Person als dein Partner erotisch stark anzieht – was machst du dann?

N° 33

Angenommen, jemand, der dich sehr gut kennt,
wollte sich über dein gegenwärtiges Liebesleben
spöttisch äußern und lustig machen:
Was würde er sagen?

Nº 34

/

Was in deinem sexuellen Leben ist so wertvoll, dass du es unbedingt bewahren und pflegen möchtest?

N⁰ 35

/

Wenn du erotisch in bester Laune bist –
was machst du dann?

N° 36

/

Gibt es Dinge in deiner Sexualität, die dir nicht
geheuer sind und die dich beunruhigen?

N° 37

Gibt es in deiner Sexualität gegenwärtig eine innere Barriere, die du überwinden möchtest?

N° 38

Interessiert es dich, deine Sexualität weiter zu erforschen, oder hast du den Eindruck, du weißt schon alles über dich selbst?

N⁰ 39

/

Was möchtest du in Bezug auf
deine Sexualität gern ändern?

N⁰ 40

/

Mit wem fällt es dir – abgesehen von deinem Partner – am leichtesten, über deine Sexualität zu sprechen? Warum gerade mit dieser Person?

N° 41

/

Wann hast du zuletzt im Bett gelacht? Worüber?

N° 42

Welchen Einfluss hat dein jetziges
Lebensalter auf deine Sexualität?

N° 43

Gibt es in deiner Sexualität gegenwärtig
äußere Hindernisse, die dich beeinträchtigen?

N° 44

/

Welche neuen Ideen würdest du heute
gern in deine Partnerschaft einbringen?

N° 45

Stell dir vor, deine sexuelle Lust wäre eine eigenständige und von dir unabhängige Person, die sprechen könnte: Wie würde sie ihr Verhältnis zu dir beschreiben?

....

....

....

....

....

....

....

MEIN
SEXUELLES PROFIL

Wer bin ich?

Nº 46

Was hast du besonders gut drauf? Worin siehst du
deine besondere Qualität als Liebhaber/Geliebte?

N⁰ 47

/

Wie ergreifst du beim Sex die Initiative?

N⁰ 48

/

Welches erotische Kompliment würdest
du am liebsten bekommen? Von wem?

N⁰ 49

/

Wie schätzt du deine Verführbarkeit ein,
dich auf ein erotisches Abenteuer einzulassen?
Was oder wer könnte dich leicht verführen?

N° 50

/

Wenn du ein Sex-Buch schreiben würdest: Welchen Titel hätte das Buch, und was wäre der Inhalt?

Nº 51

/

Was findest du an deiner Sexualität
besonders männlich bzw. weiblich?

N° 52

Worauf bist du –
was dein Sexualleben betrifft – stolz?

N° 53

Wenn deine Sexualität ein Tier wäre:
Welches Tier wäre sie?

N° 54

Wenn du ein Symbol, ein Bild für deine
Sexualität entwerfen müsstest: Wie sähe das aus?

N° 55

/

Wir haben unterschiedliche Seiten in uns,
die in manchen Situationen hervortreten.
Das gilt auch für die Sexualität (z. B.
der Verführer, die Unschuldige, die Mütterliche,
der Draufgänger, der Zaghafte bzw. die Schlampe).
Welche sexuellen Seiten kennst du von dir?
Benenne sie mit einem schlüssigen Namen.

N° 56

Gibt es für dich eine Frau, die für dich auf eine perfekte Art Weiblichkeit verkörpert? Wer ist das, und warum gerade die?

....

....

Gibt es für dich einen Mann, der für dich auf eine perfekte Art Männlichkeit verkörpert? Wer ist das, und warum gerade der?

....

....

....

N° 57

Wie ist es für dich, beim Sex zu „führen"?

N° 58

Wie ist es für dich, dich
beim Sex „führen" zu lassen?

N° 59

Inwieweit erlebst du deine Sexualität als Reich der Möglichkeiten, die du frei wählen kannst? Und inwieweit fühlst du dich unfrei in deinen Wahlmöglichkeiten?

N° 60

/

Hast du sexuelle Erfahrung mit einer
Person des gleichen Geschlechts, oder
kannst du es dir vorstellen?

N° 61

/

Wenn du ausgiebig Zeit für Sex hast: Wie gestaltest du diese Zeit so, dass du optimal befriedigt bist?

Nº 62

Wenn man davon ausgeht, dass die sexuelle Entwicklung nicht mit der Pubertät abgeschlossen ist, sondern lebenslang weitergeht: Spürst du in dir ein Potenzial, das bisher noch nicht zur Geltung gekommen ist und das sich noch entwickeln könnte? Wenn ja, was ist das?

N° 63

/

Einer Theorie zufolge gilt ein Mann erst dann als männlich, wenn er es durch Taten bewiesen hat. Falls du dem zustimmst:

FÜR MÄNNER
Womit hast du bisher deine Männlichkeit bewiesen?

FÜR FRAUEN
Womit hat dein Partner seine Männlichkeit bewiesen?

....

....

....

....

....

N° 64

Was wäre für dich ein guter Grund, auf eine attraktive Verführung nicht einzugehen?

MEINE PARTNERSCHAFT

/

Wen liebe ich?

N° 65

/

Wenn du vergleichst, was du heute von deiner Partnerin (deinem Partner) weißt und zu Beginn eurer Beziehung nicht wusstest: Was hast du richtig, was falsch eingeschätzt?

N° 66

Wenn du an alle Seiten der Sexualität
deiner Partnerin (deines Partners) denkst
(ihre/seine Erfahrungen, Wünsche, Fantasien):

A Zu wie viel Prozent kennst du sie/ihn?
B Zu wie viel Prozent möchtest du sie/ihn kennen?

N° 67

Was möchtest du von der Sexualität deines
Partners (deiner Partnerin) lieber nicht wissen?

N° 68

/

Was an der Erotik deines Partners
(deiner Partnerin) ist dir am meisten fremd?
Möchtest du es besser kennenlernen?

N° 69

/

Wofür bist du deiner Partnerin
(deinem Partner) dankbar, weil du es ohne
sie/ihn nicht erreicht hättest?

....

....

....

....

....

....

....

....

....

N° 70

/

Was nimmst du deinem Partner (deiner Partnerin)
heute noch übel und verzeihst ihm/ihr nicht?

N° 71

FÜR FRAUEN

Was verdankst du deinen „Vorgängerinnen"
(früheren Geliebten) deines heutigen Partners?
Was hat er von anderen gelernt,
von dem du jetzt profitierst?

FÜR MÄNNER

Was verdankst du deinen „Vorgängern"
(früheren Liebhabern) deiner heutigen Partnerin?
Was hat sie von anderen gelernt,
von dem du jetzt profitierst?

....

....

....

....

N° 72

/

Welche Art sexueller Initiative deines Partners
(deiner Partnerin) würde dir gefallen?

N° 73

Welche Wünsche deiner Partnerin (deines Partners) erfüllst du gern, welche weniger gern?

N° 74

/

Gibt es Dinge, die du deinem Partner
(deiner Partnerin) zuliebe in Kauf nimmst,
ohne sie selbst wirklich zu wollen?

N° 75

Wenn dein Partner (deine Partnerin)
dauernd im Internet in Sex-Chats aktiv ist –
würde dich das stören, oder kannst du
dem auch etwas Positives abgewinnen?

N° 76

Reizt dich die Vorstellung, dich sexuell jemandem so auszuliefern, dass er/sie mit dir nach Belieben tun kann, was er/sie möchte?

N° 77

Angenommen, die Stimmung zwischen euch ist gut und entspannt: Was würdest du deiner Partnerin (deinem Partner) sexuell gern geben oder anbieten?

N° 78

/

Angenommen, dein Partner (deine Partnerin) wollte von dir nicht mit Worten, sondern auf körperlich-sinnlich-sexuelle Weise erfahren, was er (sie) dir bedeutet – wie würdest du es ausdrücken?

N° 79

/

Gibt es etwas, das du deinem Partner gern geben/schenken möchtest, dieser möchte es aber nicht haben? Wenn ja: Was machst du mit dem verschmähten Geschenk?

Nº 80

/

Was war die größte (angenehme oder unangenehme) Überraschung in deiner Partnerschaft?

N° 81

Auf welche Erfahrung deiner Partnerin
(deines Partners) bist du neidisch?

N° 82

/

Gibt es sexuelle Eigenheiten deines Partners (deiner Partnerin), die du gern ändern würdest, aber nicht ändern kannst?

N° 83

FÜR MÄNNER

Beschreibe eine Situation, in der du deine Partnerin besonders weiblich attraktiv fandest.

FÜR FRAUEN

Beschreibe eine Situation, in der du deinen Partner besonders männlich attraktiv fandest.

N° 84

Wenn dir deine Partnerin (dein Partner) anbietet: „Du kannst alles mit mir machen, was du willst" – wie würdest du reagieren?

N° 85

/

Stell dir die für dich ideale sexuelle Begegnung vor, ein Ideales Sexuelles Szenario, hier ISS genannt. Ideal meint optimal erregend und zu dir als Mann (Frau) passend, unabhängig davon, ob es deiner Partnerin (deinem Partner) gefallen könnte oder nicht. Schreib auf, was du mit wem wo und wie genau tun würdest (oder mit dir machen lassen würdest). Verschließe es in einem Kuvert.
Unter welchen Umständen würdest du dieses Kuvert deiner Partnerin (deinem Partner) geben?

....

....

....

....

....

N° 86

/

Stell dir vor, dein Partner hätte sein Ideales Sexuelles Szenario aufgeschrieben und in einem Kuvert verschlossen. Er/würde es dir aber nur dann zeigen, wenn du dein ISS vorher offengelegt hast.
Unter welchen Umständen würdest
du darauf eingehen?

N° 87

Was würdest du im Fall der Trennung von deinem Partner am meisten vermissen?

N° 88

Was würde dich im Fall der Trennung von deinem Partner am meisten erleichtern?

N° 89

/

FÜR FRAUEN
Welche guten Seiten deiner Weiblichkeit sind erst durch deinen Partner zur Geltung gekommen?

FÜR MÄNNER
Welche guten Seiten deiner Männlichkeit sind erst durch deine Partnerin zur Geltung gekommen?

N° 90

/

Dein Partner (deine Partnerin) sagt dir, dass er (sie) den Sex mit dir schön findet, gibt aber indirekt zu verstehen, dass er den tollsten Sex mit jemand anderem hatte. Wie gehst du damit um?

N° 91

Hat dein Partner bestimmte
Vorlieben, die dir unangenehm sind?

N° 92

/

Deine Partnerin (dein Partner) sagt dir,
sie (er) fühle sich dir gegenüber nicht frei und
selbstbestimmt. Vielmehr erlebe sie (er) sich als
abhängig, ja sogar hörig und könne ohne deine
intensive sexuelle Zuwendung nicht leben.
Wie reagierst du?

N° 93

Was, glaubst du, ist eine besonders verletzbare Seite der Sexualität deines Partners (deiner Partnerin), mit der er (sie) zu kämpfen hat?

N° 94

/

Nenne die drei wichtigsten Eigenschaften,
die du und dein Partner (deine Partnerin)
erotisch gemeinsam haben.

N° 95

Nenne drei Dinge, die dich und deine Partnerin
(deinen Partner) erotisch unterscheiden.

N° 96

Worin seid ihr beiden ganz unterschiedlich und genau dadurch füreinander eine gute Ergänzung?

N° 97

Was schätzt dein Partner (deine Partnerin)
an deiner Erotik besonders? Was weniger?

N° 98

Wenn deine gegenwärtige Partnerschaft verfilmt würde: Wie hieße der Titel, und was wäre die interessanteste Szene des Films?

N⁰ 99

/

Angenommen, ihr habt ausführlich und ehrlich darüber gesprochen, dass dein Partner (deine Partnerin) erheblich weniger Interesse an Sex hat als du, und ihr seid zu dem Ergebnis gekommen, dass sich das voraussichtlich nicht ändern wird. Was machst du?

N° 100

/

Wenn du deinen jetzigen Liebespartner
(deine Liebespartnerin) mit früheren
Partnerinnen (Partnern) vergleichst:
Worin unterscheidet er (sie) sich?

....

....

....

....

....

....

....

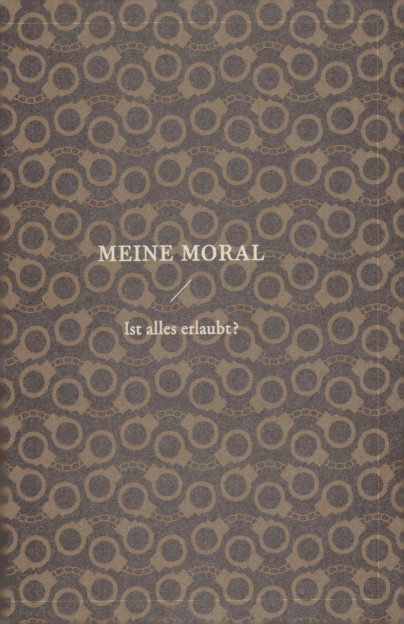

MEINE MORAL

Ist alles erlaubt?

N° 101

Welche moralischen Regeln und Grenzen gelten für deine Sexualität? Gibt es für dich eine Art „Grundgesetz", das du immer beachtest?

N° 102

Welche Botschaft möchtest du deinen Kindern zum Thema Sexualität mitgeben? Würdest du deinem Sohn andere Botschaften vermitteln als deiner Tochter?

N° 103

/

Wenn du Einfluss auf das Sexualstrafrecht
hättest, was würdest du unter Strafe stellen?

N° 104

Wenn dein Partner zu Recht vermutet, dass du fremdgegangen bist, und dich danach fragt: Findest du es besser, ehrlich zu sein und ihm die Wahrheit zuzumuten? Oder besser, ihn zu schonen und es abzustreiten?

N° 105

(Das Folgende ist ein Gedankenexperiment, keine esoterische Idee.)

Angenommen, es gäbe so etwas wie sexuelle Gerechtigkeit, also ein Gesetz, dass man das bekommt, was einem zusteht: Hast du vom Schicksal mehr oder weniger bekommen, als dir zusteht?

....

....

....

....

....

....

N° 106

/

Häufig wird die Ansicht vertreten, dass sexuell alles erlaubt sei, worüber sich beide Partner einig sind, so ungewöhnlich es auch sein mag, was sie miteinander treiben. Teilst du diese Ansicht? Oder findest du, dass bestimmte Handlungen nicht akzeptabel sind, selbst wenn sich die Beteiligten darüber geeinigt haben?

N° 107

Teilst du die Ansicht, dass Prostitution als Beruf wie jeder andere betrachtet werden sollte?

N° 108

/

Wie bewertest du es, wenn
Männer zu Prostituierten gehen?

N° 109

/

Hat man in einer festen Partnerschaft das Recht,
bestimmte Dinge voreinander zu verschweigen?
Oder ist man dem Partner völlige Offenheit schuldig?

Nº 110

/

Angenommen, dein Partner ist fremdgegangen. Unter welchen Umständen würdest du das verzeihen oder akzeptieren?

N° 111

Fühlst du dich wohl, wenn du mit deinem Partner über das Thema Treue und Fremdgehen diskutierst?

N° 112

Wie ist deine Einstellung zu sexueller Treue?

N° 113

/

Gibt es für dich Tabus?
Was ist für dich sexuell absolut verboten?

Nº 114

Erinnere dich an eine Situation, in der du eindeutig den eigenen moralischen Maßstäben zuwidergehandelt hast: Wie erklärst du dir heute dein damaliges Verhalten?

Nº 115

Erinnere dich an eine Situation, in der es dir besonders schwerfiel, deiner Moral treu zu bleiben. Würdest du heute wieder so handeln?

MEINE PROBLEME

Wie gehe ich mit Schwierigkeiten um?

N° 116

Wann hattest du zuletzt Liebeskummer?
Was hat dich da beschäftigt?

Nº 117

Was ist eine besonders verletzbare Seite deiner Sexualität, mit der du zu kämpfen hast?

N° 118

/

Hast du Situationen erlebt, in denen
sexuell alles „geklappt" hat und du trotzdem
unbefriedigt geblieben bist? Wie was das?
Was genau hat dir gefehlt?

....

....

....

....

....

....

....

....

N° 119

Wenn du dich sexuell langweilst –
was tust du, um das zu ändern?

N° 120

Angenommen, du könntest aufgrund einer Krankheit oder einer Behinderung in deinem Leben nie mehr Geschlechtsverkehr haben – welche Ersatzbefriedigung würdest du dir wählen?

N° 121

Hast du schon eine Situation erlebt, in der du mehr von sexuellen Wünschen getrieben warst, als dir lieb war?

Nº 122

In einem Selbsthilfebuch findest du den Vorschlag, du solltest dich von Schamgefühlen befreien, indem du dich vor deinem Partner nackt zeigst und dein Partner kommentiert, wie er deinen Körper findet. Und weiter angenommen, dein Partner möchte das gern. Wie ist dir bei dieser Vorstellung zumute?

N° 123

/

Was traust du dich nicht, zu tun
oder zu sagen, weil du dich schämst?

Nº 124

Mit welcher Bemerkung könnte man deine Männlichkeit/Weiblichkeit schnell und sicher kränken?

Nº 125

/

Sexuelle Störungen werden oft als Ergebnis eines Leistungsdrucks erklärt. Kennst du Situationen, in denen dein eigener sexueller Leistungsdruck dich stark beeinträchtigt hat?

N⁰ 126

/

Wenn du dich an die peinlichste sexuelle
Begegnung erinnerst, die du je hattest:
Was hast du damals erlebt?

N° 127

Was ist eine sexuelle Eigenheit,
mit der du sehr unzufrieden bist?

Nº 128

Wenn du keine Lust auf Sex hast –
was ist deine bevorzugte Ausrede?

....

....

....

....

....

....

....

....

....

N° 129

/

Wann hast du dich zuletzt auf Sex eingelassen, obwohl du eigentlich nicht wolltest? Warum?

N° 130

Hast du schon einmal eine sexuelle Hemmung als vorteilhaft oder erleichternd erlebt?

N° 131

Einer sexualtherapeutischen Theorie zufolge braucht es für starke Erregung ein Hindernis, das überwunden werden muss (z. B. Zurückhaltung des Partners, räumliche Einschränkungen, Verbote, moralische Bedenken, Risiko, entdeckt zu werden, usw.).
Falls das für dich zutrifft: Gibt es zurzeit ein solches Hindernis, das dich „kickt" und erotisiert?

N° 132

/

„Was man schon hat, kann man nicht begehren",
lautet eine ernüchternde sexualtherapeutische
These zur nachlassenden Lust in langen
Partner-schaften. Was würdest du tun, wenn du im
Laufe der Jahre deinen Partner immer
weniger körperlich begehrst?

Nº 133

/

Was hat dich zuletzt eifersüchtig gemacht?
Wie hast du das ausgedrückt?

N° 134

Angenommen, du bekommst von Freunden eine Sitzung bei einem Sexualtherapeuten geschenkt und es würde niemand erfahren: Was würdest du gern mit ihm besprechen?

Nº 135

/

FÜR MÄNNER

Beim sexuellen Zusammensein mit der Frau, die du begehrst, lässt deine Erektion nach. Was machst du?

FÜR FRAUEN

Beim sexuellen Zusammensein mit einem Mann, den du begehrst, lässt deine sexuelle Erregung nach. Was machst du?

N° 136

Was ist dein größtes sexuelles Problem?

N° 137

/

Gibt es in der Sexualität Vorstellungen,
die dir unbehaglich sind?

N° 138

Angenommen, du kannst beim Sex mit einem Partner nur schwer einen Orgasmus haben (bei der Selbstbefriedigung dagegen fällt es dir leicht): Wie gehst du damit um?

N° 139

Empfindest du vor bestimmten Körperflüssigkeiten (Sperma, Speichel, Schweiß, Lubrikation) Ekel?

N° 140

Hast du schon einmal nach einer sexuellen
Begegnung einen emotionalen „Kater" gehabt,
weil du dich auf etwas eingelassen hast,
das du eigentlich nicht wolltest?

MEINE
FANTASIEN

/

Was ist ungelebt?

Nº 141

Was in deinem sexuellen Leben, das du noch nicht erlebt hast, möchtest du gern noch erfahren?

Nº 142

Gibt es Wünsche, die du deinem Partner niemals sagen würdest?

N° 143

Manche Menschen haben sexuelle Dominanz- und Unterwerfungsfantasien. Kennst du solche Fantasien auch? Wenn ja, welche sind das genau? Welche Gefühle sind damit verbunden?

N° 144

Faszinieren dich sexuelle Rollenspiele? Wenn ja: Welche Rolle findest du für dich, welche für deinen Partner anziehend?

N° 145

Gibt es erotische Wünsche, die du erst in jüngster Zeit bei dir entdeckst hast?

N° 146

/

Wenn du daran denkst, deinen Partner zu fesseln
(oder von ihm gefesselt zu werden):
Was sind deine Gefühle dabei?

N° 147

/

Wenn du an Sex mit zwei Personen denkst
(einen „Dreier"): Interessiert dich das?
Wenn ja, in welcher Kombination (zwei Männer/
eine Frau oder zwei Frauen/ein Mann)?
Welche Rolle würdest du einnehmen?
Was genau reizt dich daran?

....

....

....

....

....

....

N° 148

Angenommen, du hättest noch zwei Monate zu leben: Welche Bedeutung hätte deine Sexualität in diesem letzten Lebensabschnitt?

N° 149

Angenommen, dein Partner wollte dich sexuell überraschen – was müsste er tun?

Nº 150

Welches Motto möchtest du für dein zukünftiges Sexualleben formulieren?

N° 151

Was ist eine lustvolle Fantasie, die dich erregt,
die du aber nie im Leben umsetzen möchtest?

N° 152

Gibt es sexuelle Fantasien, die du zwar gern ausprobieren würdest, bei denen dir aber auch etwas mulmig ist?

N° 153

Angenommen, du wärst bei einem Escort-Service für besondere erotische Dienstleistungen angestellt: Welche Art von Aufträgen würdest du besonders gern übernehmen?

N° 154

Du bekommst von wohlmeinenden Freunden zum Geburtstag eine Freikarte eines edlen Escort-Service geschenkt. Welchen Service würdest du dir bestellen?

N° 155

Du bist zu einer Fetisch-Party eingeladen.
Was ziehst du an?

No 156

Du suchst neue Inspirationen und besuchst einen
Sexworkshop für ungewöhnliche Praktiken.
Im Programm findest du vier parallele Kurse,
die du nicht gleichzeitig besuchen kannst.
Welchen wählst du? Und warum gerade den?

A Exhibitionismus für Schüchterne
B Anleitung zur weiblichen Ejakulation
C Fesseln für Anfänger und Fortgeschrittene
D Achtsamkeit und Sadomasochismus

N⁰ 157

Eine attraktive Person bietet dir einen zeitlich begrenzten sexuellen Sklaven-Vertrag an. Der Vertrag besagt, dass du über die Person 24 Stunden verfügen kannst, wie es dir beliebt. Dieses Recht verpflichtet dich allerdings auch dazu, 24 Stunden Verantwortung für die Sklavin (den Sklaven) zu übernehmen. Würdest du diesen Vertrag annehmen?

N° 158

Könnte dich spontaner Sex mit einer fremden Person reizen? Was ist der Reiz für dich?

N° 159

Wenn es eine Möglichkeit gäbe, die Zukunft
deines Liebeslebens vorauszusehen:
Was genau wolltest du wissen?

N° 160

Wenn du eine Million Euro für ein sexualwissenschaftliches Forschungsprojekt zur Verfügung hättest: Welche Frage würdest du untersuchen?

N° 161

/

Bei einem Spieleabend mit Freunden bekommst du die Aufgabe, fünf Minuten lang einen freien Vortrag zu einem sexuellen Thema zu halten, bei dem du dich besonders gut auskennst. Welches Thema wählst du?

Nº 162

Hat es dich schon einmal gereizt,
beim Sex fies und gemein zu sein?
Was wolltest du tun oder hast du getan?

N° 163

/

Welche Art Porno törnt dich an?
Was genau macht dich scharf?

N° 164

Welche Art Porno törnt dich ab?
Was genau magst du nicht?

N° 165

Ist Partnertausch für dich eine reizvolle Vorstellung?
Wie stellst du ihn dir vor?

N° 166

Angenommen, du kannst eine sexuelle Orgie feiern, ohne auf irgendeine Person oder Moral Rücksicht nehmen zu müssen: Was genau würdest du tun?

Nº 167

Dein Partner schlägt dir vor,
zusammen in einen Swingerclub zu gehen.
Wie gehst du auf den Vorschlag ein?

N° 168

Wenn du einen Sexfilm ansiehst: Stellst du dir vor, dass du einer der Akteure bist, oder nimmst du eher die Zuschauerposition des Voyeurs ein?

MEIN KÖRPER

/

Wo spüre ich Sex?

N° 169

Welches sind deine besonders erogenen Zonen?
Wenn du sexuell erregt bist, wo genau
im Körper spürst du was?

N° 170

/

Welche Bedeutung hat Küssen für dich?
Vorspiel? Begleitung? Nebensache?

Nº 171

Welche Körperpartien küsst du
besonders gern und welche nicht?

....

....

....

....

....

....

....

....

....

Nº 172

Teilst du deinem Partner klar mit, wo und wie du angefasst werden möchtest?

N° 173

Benutzt du Sexspielzeug oder würdest es gerne benutzen? Wenn ja, was genau? Wenn nein, warum nicht?

N° 174

FÜR MÄNNER

Ejakulierst du gern im Mund deiner Partnerin? Erlebst du das anders, als wenn du in der Scheide ejakulierst? Möchtest du, dass deine Partnerin dein Sperma schluckt?

FÜR FRAUEN

Hast du es gern, wenn dein Partner in deinem Mund ejakuliert? Schluckst du das Sperma gern?

N° 175

Angenommen, du magst etwas am Körper deines Partners nicht so gern: Gehst du darüber hinweg, oder sprichst du es an?

N° 176

/

Magst du *deep throating* (Einführen des ganzen Penis in den Mund/Rachen)? Was daran reizt dich?

N° 177

Magst du Analverkehr?
Erlebst du ihn anders als vaginalen Verkehr?

N° 178

/

Wenn dein Partner dich bittet, ihn beim Sex zu schlagen: Wie gehst du darauf ein?

N° 179

Nutzt du gern erlebnisintensivierende
Mittel wie Alkohol oder Drogen?
Ist für dich Sex in nüchternem Zustand anders?
Welchen Unterschied erlebst du?

N° 180

/

Für manche Menschen ist der Orgasmus der unverzichtbare Höhepunkt des sexuellen Aktes, für andere eine nette Zugabe, für wieder andere ist er nicht so bedeutsam. Wie wichtig ist es für dich, beim Geschlechtsverkehr einen Orgasmus zu haben?

N° 181

Was magst du an deinem Körper besonders gern?
Was am Körper deines Partners?

N° 182

/

Lässt du beim Orgasmus die Augen offen?
Was ist der Unterschied zum Orgasmus mit
geschlossenen Augen?

N° 183

/

Erlebst du Selbstbefriedigung als Ergänzung
zum Partnersex oder als Ersatz oder
als etwas ganz anderes?

N° 184

Worauf hast du nach dem Geschlechtsverkehr meistens Lust?

N⁰ 185

/

Was ist für dich die besondere
Qualität eines Quickies?

N° 186

Was gibt dir Energie und Kraft in der Sexualität?

N° 187

Würde es dich reizen, einmal in die Haut des anderen Geschlechts schlüpfen zu können und zu erfahren, wie es sich anfühlt, als Frau bzw. als Mann Sex zu erleben?

N° 188

Empfindest du einen Unterschied beim Geschlechtsverkehr mit oder ohne Kondom? Welchen?

PAARUNGEN

Männer und Frauen

N° 189

Wenn ich meine bisherigen Partner vergleiche: Gibt es bei allen Unterschieden eine Gemeinsamkeit?

....

....

....

....

....

....

....

....

N° 190

/

Welche Frage, die du an das andere Geschlecht hast,
ist für dich bis heute unbeantwortet?

N° 191

Was ist dein „Beuteschema"? Auf welche äußeren Merkmale eines erotischen Partners legst du besonderen Wert?

Nº 192

Was ist für dich das höchste, was das niedrigste Alter, jenseits dessen ein Sexualpartner für dich nicht mehr in Frage kommt? Warum?

N° 193

Manche Menschen vertreten die These, dass man an einer Beziehung auch „arbeiten" müsse. Teilst du diese Meinung in Bezug auf eine sexuelle Partnerschaft?

N° 194

Woran merkst du, dass du jemanden liebst?
Woran merkst du, dass du jemanden begehrst?
Worin liegt der Unterschied?

N° 195

FÜR FRAUEN
Was, glaubst du, verstehen die Männer von weiblicher Sexualität am wenigsten?

FÜR MÄNNER
Was, glaubst du, verstehen die Frauen von männlicher Sexualität am wenigsten?

....

....

....

....

....

....

N⁰ 196

Was könnte dich an einem deutlich jüngeren Partner reizen, was an einem deutlich älteren?

N° 197

Leuchtet dir die Idee ein, dass man auch mehrere Menschen gleichzeitig lieben kann, sofern alle Beteiligten voneinander wissen?

N° 198

/

Es gibt die These, dass trotz aller individuellen Variationen ein prinzipieller Geschlechtsunterschied im sexuellen Begehren besteht: Demnach geht es im Kern bei Männern um das Eindringen, bei den Frauen um das Aufnehmen.
Teilst du diese These, oder findest du sie unzutreffend, zu konventionell, zu einfach?

N° 199

Wenn man über jemanden sagt, er/sie sei
„gut im Bett" – was verstehst du darunter?

N° 200

Was kannst du dir an einem Leben
als Single reizvoll vorstellen?

... UND ZUM SCHLUSS

N° 201

Welche Frage dieses Buches hat
dich am meisten beschäftigt?

Ulrich Clement, geboren 1950, ist Professor für medizinische Psychologie an der Universität Heidelberg. Er war Präsident der International Academy of Sex Research und leitet das Institut für Sexualtherapie Heidelberg. Clement ist ein renommierter Paar- und Sexualtherapeut mit eigener Praxis. Neben zahlreichen wissenschaftlichen Publikationen schrieb er auch die Bücher *Guter Sex trotz Liebe* und *Wenn Liebe fremdgeht*.